R. Anton, Jean Borel

Esperanto-germana frazlibro de la ciutaga vivo

Deutsche und Esperanto-Gespräche über Alltägliches

R. Anton, Jean Borel

Esperanto-germana frazlibro de la ciutaga vivo
Deutsche und Esperanto-Gespräche über Alltägliches

ISBN/EAN: 9783337356507

Hergestellt in Europa, USA, Kanada, Australien, Japan

Cover: Foto ©Paul-Georg Meister /pixelio.de

Weitere Bücher finden Sie auf **www.hansebooks.com**

Esperanta-Germana Frazlibro de la ĉiutaga vivo.

Deutsche und Esperanto-Gespräche über Alltägliches.

Laŭ **R. Anton**
prilaboris **J. Borel**.

2ª eldono.

1908.

GERMANUJO — ESPERANTO VERLAG MÖLLER & BOREL, BERLIN S. 42

ANGLUJO — THE BRITISH ESPERANTO ASSOCIATION, LONDON.

DANUJO — ANDR.-FRED. HÖST & SÖN, KJÖBENHAVN.

FRANCUJO — HACHETTE & Cie, PARIS.

HISPANUJO — J. ESPASA, BARCELONA.

ITALUJO — RAFFAELLO GIUSTI, LIVORNO.

POLUJO — M. ARCT, WARSZAWA.

SVEDUJO — ESPERANTO FÖRENING STOCKHOLM.

Enhavo.

Inhalt.

5

ŝuisto

I.
Pri fremdaj lingvoj.

I.
Fremde Sprachen.

Ĉu vi parolas esperante?

Sprechen Sie Esperanto?

Jes, Sinjoro, iom.

Ja, ein wenig.

Tamen ŝajnas al mi, ke vi tre bone scias Esperanton.

Es scheint mir jedoch so, als ob Sie sehr gut Esperanto könnten.

Mi nur scias tiom, kiom estas necesa por igi min komprenebla.

Ich kann gerade so viel, dass es mir möglich ist, mich verständlich zu machen.

Vi parolas tute bone.

Sie sprechen ganz gut.

Vi parolas tre flue.

Sie sprechen sehr geläufig.

Mi komprenas pli bone ol mi parolas.

Ich verstehe besser, als ich spreche.

Vi do komprenas ĉion, kion mi diras?

Sie verstehen also alles, was ich sage?

Preskaŭ ĉion. Sed se vi havus la afablecon paroli iom pli malrapide kaj pli klare mi nepre ĉion komprenus.

Fast alles. Aber wenn Sie so liebenswürdig sein wollten, etwas langsamer und deutlicher zu sprechen, würde ich durchaus alles verstehen.

Tre volonte. Mi estas Berlinano kaj, kiel vi eble scias, la Berlinanoj ofte kutimas paroli sufiĉe rapide.

Recht gern. Ich bin Berliner und wie Ihnen vielleicht bekannt ist, pflegen oft die Berliner ziemlich schnell zu sprechen.

Ĉu mia elparolado estas ĝusta?

Ist meine Aussprache richtig?

Vi elparolas tre bone. (Via elparolado estas tre bona.)

Sie sprechen sehr gut aus. (Sie haben eine sehr gute Aussprache.)

Vi ne elparolas malbone.

Sie sprechen nicht schlecht aus.

De longe mi ne parolis Esperanton, al mi mankas ekzercado.

Ich habe lange nicht Esperanto gesprochen; es fehlt mir an der Uebung.

Mi nur tre malofte havas okazon paroli esperante kaj mi forgesis preskaŭ ĉion, kion mi lernis.

Ich habe sehr selten Gelegenheit, Esperanto zu sprechen und fast alles, was ich gelernt habe, vergessen.

Antaŭe mi parolis multe pli flue.

Früher habe ich viel geläufiger gesprochen.

Ĉu vi ankaŭ lernis fremdajn lingvojn?

Haben Sie auch fremde Sprachen gelernt?

Jes, mi lernis francan kaj anglan lingvojn, sed ili estas multe pli malfacilaj ol Esperanto.

Ja, ich habe Französisch und Englisch gelernt; diese Sprachen sind aber viel schwerer als Esperanto.

Kiom da tempo vi bezonis por lerni la francan lingvon?

Wie lange haben Sie gebraucht, um die französische Sprache zu lernen?

Mi studadis ĝin dum pli ol kvar jaroj.

Ich habe mich mit ihrer Erlernung über vier Jahre beschäftigt.

Se oni volas lerni paroli flue fremdan lingvon, oni devas restadi sufiĉe longe en la fremda lando.

Wenn man eine fremde Sprache geläufig sprechen lernen will, muss man sich eine Zeitlang in dem betreffenden Lande aufhalten.

Ĉu mi ofte faras erarojn?

Mache ich oft Fehler?

Vi kelkafoje forgesas la tonan akcenton.

Sie vergessen manchmal die Betonung.

Mi estus al vi tre danka, se vi bonvolus atentigi min pri miaj eraroj.

Ich wär Ihnen sehr dankbar, wenn Sie mich auf meine Fehler aufmerksam machen wollten.

Kiel vi elparolas la vorton ....?

Wie sprechen Sie das Wort .... aus?

Tiu ĉi vorto estas elparolata ....

Dieses Wort wird.... ausgesprochen.

Pardonu, Sinjoro, mi ne komprenis vin bone. Kion vi diras?

Entschuldigen Sie, ich habe Sie nicht recht verstanden. Wie
meinen Sie?

Mi neniam aŭdis tiun ĉi esprimon. (Mi ne konas tiun ĉi
vorton.)

Ich habe diesen Ausdruck noch nie gehört. (Dieses Wort ist
mir unbekannt.)

Kiel oni nomas (diras).... en Esperanto?

Was heisst.... auf Esperanto?

Kiel oni nomas tion-ĉi? (Kio estas tio-ĉi?)

Wie heisst dies? (Was ist das?)

Kiel oni skribas tiun ĉi vorton?

Wie wird dieses Wort geschrieben?

Silabu ĝin, mi petas.

Bitte, buchstabieren Sie es.

Kun n ĉe la fino?

Mit einem n am Ende?

Tiu ĉi vorto estas malfacile elparolebla.

Dieses Wort ist schwer auszusprechen.

Estas vorto, kiun oni ne devas uzi.

Das ist ein Wort, das man nicht anwenden darf.

Tiu ĉi vorto estas malofte uzata.

Dieses Wort ist wenig gebräuchlich.

Mi ne povos rememori tiun ĉi esprimon.

Ich werde diesen Ausdruck nicht merken können.

Ĉu oni povas diri tiel, ĉu tio estas bona Esperanto?

Kann man so sagen, ist das richtiges Esperanto?

Tio estas tute korekta.

Das ist ganz richtig.

Mi tion tradukis laŭvorte, kaj kredis, ke tiu esprimo estas germanismo.

Ich hatte das wörtlich übersetzt und glaubte, dass diese Redensart ein Germanismus sei.

———————————

II.
Salutoj kaj komplimentoj.

II.
Begrüssungs- und Höflichkeitsredensarten.

Bonan tagon, (bonan vesperon), Sinjoro N. Kiel vi fartas?

Guten Tag, (guten Abend), Herr N. Wie geht es Ihnen?

Dankon, bone, (bonege), kaj vi? (Kaj kiel vi fartas mem?)

Danke, gut, (vorzüglich), und Ihnen? (Und wie geht es Ihnen selbst?)

Mi fartas bone, mi dankas.

Mir geht's gut, danke.

Kiel fartas Sinjoro via frato? Bone, mi esperas.

Wie geht's Ihrem Herrn Bruder? Hoffentlich gut.

Ĉu hejme ĉiuj bone fartas?

Geht's zu Hause allen gut?

Salutu Sinjoron R. de mi!

Grüssen Sie Herrn R. von mir!

Memorigu min al Sinjorino via edzino!

Empfehlen Sie mich Ihrer Frau Gemahlin!

Dankon, mi ne forgesos.

Danke, ich werde es ausrichten.

Adiaŭ! Bonan nokton!

Adieu! Gute Nacht!

Ĝis la revido! Ĝis baldaŭa revido!

Auf Wiedersehn! Auf baldiges Wiedersehn!

Ĝis ĵaŭdo!

Auf Wiedersehn am Donnerstag!

Ĝis morgaŭ!

Auf Wiedersehn morgen!

Ĝis hodiaŭ vespere!

Auf Wiedersehn heute abend!

Fartu bone, kara amiko! Bonan vojaĝon!

Leb' wohl, lieber Freund! Glückliche Reise!

Revenu baldaŭ!

Kommen Sie bald wieder!

Vi ĉiam estos bonvenanta.

Sie werden immer willkommen sein.

Vizitu min iam, mi petas! Sed ne forgesu!

Besuchen Sie mich, bitte, einmal! Aber kommen Sie auch!

Koran (sinceran) dankon!

Herzlichen Dank!

Mi tre dankas vin.

Ich danke Ihnen sehr.

Plej bonan dankon.

Besten Dank.

Vi estas vere tre afabla.

Sie sind wirklich zu liebenswürdig.

Estas tre afable de vi.

Sehr liebenswürdig von Ihnen.

Mi estas tre danka.

Sehr verbunden.

Ĉu mi povus peti vin....?

Dürfte ich Sie bitten, zu....?

Ĉu vi havus la afablecon diri al mi....

Würden Sie so liebenswürdig sein, mir zu sagen....

Faru al mi la favoron....

Tun Sie mir den Gefallen, zu....

Mi estus al vi tre danka, se vi bonvolus pasigi al mi mian ĉapelon.

Ich würde Ihnen sehr dankbar sein, wenn Sie mir mal meinen Hut herüberreichen wollten.

Volonte.

Gern.

Certe, tre volonte. Kun plezuro.

Gewiss, recht gern. Mit Vergnügen.

Mi treege bedaŭras, mi ne povas tion diri al vi. Mi tre bedaŭras, ke....

Ich bedauere unendlich, ich kann es Ihnen nicht sagen. Es tut mir sehr leid, dass....

Mi petas pardonon.

Ich bitte um Entschuldigung.

Pardonu Sinjoro!

Entschuldigen Sie!

Mi petas! (Tio estas nenio.)

Bitte sehr! (Das macht nichts.)

14

Ĉu vi permesas, ke mi iom malfermu la fenestron?—Certe,
Sinjoro!

Gestatten Sie, dass ich das Fenster ein wenig aufmache?—
Bitte!

Pardonu se mi vin ĝenas.

Entschuldigen Sie, dass ich störe.

Bonvolu sidiĝi.

Bitte, nehmen Sie Platz!

Kion vi diris? (Vi diris? Sinjoro?)

Wie beliebt? (Wie meinen Sie?)

Permesu, ke mi prezentu al vi Sinjoron X.

Gestatten Sie, dass ich Ihnen Herrn X. vorstelle.

Mi tre ĝojas konatiĝi kun vi. (Ke mi konatiĝis kun vi.)

Es freut mich sehr, Ihre Bekanntschaft zu machen. (Sie
kennen gelernt zu haben.)

Mi deziras al vi multan plezuron.

Ich wünsche Ihnen viel Vergnügen.

Dankon, same al vi!

Danke, gleichfalls!

Mi deziras al vi la samon!

Das wünsche ich Ihnen gleichfalls!

Miajn korajn bondezirojn por via naskiĝa tago!

Meinen herzlichen Glückwunsch zum Geburtstag!

Mi gratulas vin!

Ich gratuliere Ihnen!

Mi deziras al vi feliĉan novan jaron!

Ich wünsche Ihnen ein glückliches neues Jahr!

Multan feliĉon! (Bonan sukceson!)

Viel Glück! (Guten Erfolg!)

Sanon al vi!

Auf Ihr Wohl! (Prosit!)

III.
Leviĝo.

III.
Aufstehen.

Je kioma horo vi kutime leviĝas?

Wann stehen Sie gewöhnlich auf?

Mi kutime leviĝas somere je la 6a kaj vintre je la 7a.

Ich stehe in der Regel im Sommer um sechs und im Winter um sieben auf.

Kaj kiam vi kuŝiĝas?

Und wann gehen Sie zu Bett?

Mi kuŝiĝas frue.

Ich gehe frühzeitig zu Bett.

Kio estas »frue«? Ĉu meznokto?

Was nennen Sie »frühzeitig«? Zwölf Uhr nachts?

Meznokto? Tion mi nomas malfrue. Mi ordinare iras en liton ĉirkaŭ la deka vespere.

Mitternacht? Das nenne ich spät. Ich gehe gewöhnlich gegen zehn Uhr abends schlafen.

Ĉu vi jam estas laca je tiu horo?

Sind Sie um diese Zeit schon müde?

Ne okazas malofte, ke mi eĉ pli frue kuŝiĝas.

Es kommt nicht selten vor, dass ich schon früher zu Bett gehe.

17

Ĉu vi ekdormas tuj?

Schlafen Sie sofort ein?

Ne ĉiam. Iafoje mi ekdormas nur tre malfrue.

Nicht immer. Mitunter schlafe ich erst sehr spät ein.

Ĉu vi tuj reekdormas, kiam vi vekiĝis dum la nokto?

Schlafen Sie gleich wieder ein, wenn Sie in der Nacht
aufwachen?

Ĉu oni vekas vin matene, aŭ ĉu vi mem vekiĝas?

Werden Sie des Morgens geweckt, oder wachen Sie von
selbst auf?

Ĉu vi bezonas multe da tempo por vin vesti?

Brauchen Sie lange zum Anziehen?

Ne; se estas necese, mi povas vesti min en kvin minutoj.

Nein; wenn es nötig ist, kann ich mich in fünf Minuten
ankleiden.

———————————

Leviĝu, Sinjoro X.! Jam estas duono de la oka.

Stehen Sie auf, Herr X.! Es ist schon halb acht.

Jam tiel malfrue? Mi ja diris al vi hieraŭ vespere, ke vi veku
min je la sepa precize!

Schon so spät? Ich hatte Ihnen doch gestern abend gesagt,
Sie möchten mich pünktlich um sieben Uhr wecken!

Jam la kvinan fojon mi frapas la pordon! Ne estas mia
kulpo, se vi ankoraŭ kuŝas en lito.

Jetzt klopfe ich schon zum fünften Mal! Es ist nicht meine
Schuld, wenn Sie noch im Bett liegen.

Vere strange! Mi tamen ĝenerale vekiĝas ĉe la plej malgranda bruo.

Wirklich sonderbar! Ich wache doch sonst beim geringsten Geräusch auf.

Sed mi certigas vin, sinjoro ...

Aber ich versichere Ihnen ...

Bone, bone! Mi ne dubas, sed estas tamen strange.

Schon gut, ich zweifle nicht daran, aber es ist trotzdem merkwürdig.

Vi eble kuŝiĝis iom malfrue? Tiam ja povas okazi, ke oni matene ne tuj vekiĝas.

Sie sind vielleicht etwas spät zu Bett gegangen? Da kann es schon vorkommen, dass man des Morgens nicht gleich aufwacht.

Male, mi tre frue iris en liton. Vere estas, ke mi ne povis tuj ekdormi. Sed nun tuj alportu puran akvon, por ke mi povu lavi min.

Im Gegenteil, ich bin sehr früh zu Bett gegangen. Allerdings konnte ich nicht so bald einschlafen. Aber nun bringen Sie mir schnell reines Wasser, damit ich mich waschen kann.

Ĉu vi deziras varman aŭ malvarman akvon?

Wünschen Sie warmes oder kaltes Wasser?

Mi preferas malvarman; ĝi estas pli saniga.

Ich ziehe kaltes vor; das ist gesünder.

Kie estas la sapo?

Wo ist die Seife?

Jen sapo, mantuko, kombilo kaj harbroso.

Hier ist Seife, Handtuch, Kamm und Haarbürste.

Kien mi do metis mian dentbroson? Ha, jen ĝi estas.

Wo habe ich denn meine Zahnbürste hingelegt? Ach, da ist sie ja.

Mi devas rapidi min vesti, alie mi alvenos tro malfrue en la oficejo.

Ich muss mich mit dem Anziehen beeilen, sonst komme ich zu spät ins Geschäft.

Diru do, ĉu la lavistino alportis mian tolaĵon?

Sagen Sie mal, hat die Wäscherin meine Wäsche gebracht?

Jes, sinjoro. Jen la kalkulo: kvar tagĉemizoj, kvar noktĉemizoj, dek kolumoj, ok paroj da manumoj, dek paroj da ŝtrumpoj, kvin kalsonoj kaj dekkvar poŝtukoj.

Ja. Hier ist die Rechnung: 4 Oberhemden (Taghemden), 4 Nachthemden, 10 Kragen, 8 Paar Manschetten, 10 Paar Strümpfe, 5 Unterhosen und 14 Taschentücher.

Ĉu vi purigis miajn vestojn?

Haben Sie meine Kleider gereinigt?

Jes, mi ilin bone brosis; ili estis tre malpuraj (kovritaj de polvo). Jen ili estas.

Ja, ich habe sie tüchtig ausgebürstet; sie waren gehörig schmutzig (staubig). Hier sind sie.

Estas al mi neeble surmeti tiun ĉi vestaĵon; sur la pantalono estas granda makulo.

Ich kann diesen Anzug unmöglich anziehen; am Beinkleid ist ein grosser Fleck.

Mi faris mian eblon, mi surŝprucis la pantalonon per benzino kaj forte frotis, sed mi ne sukcesis forigi la makulon.

Ich habe mein Möglichstes getan, ich habe das Beinkleid mit Benzin angefeuchtet und es kräftig gerieben, aber es ist mir nicht gelungen, den Fleck herauszubringen.

Tiam mi surmetos mian grizan pantalonon kaj mian bluan ĵaketon (mian nigran redingoton).

Dann werde ich meine graue Hose und mein blaues Jackett (meinen schwarzen Gehrock) anziehen.

Kaj kian veŝton?

Und was für eine Weste?

Tiun ĉi. Ne, ĝi estas tro malfermita, ni prenu tiun, ĝi estas fermita.

Diese hier. Ach nein, die ist zu weit ausgeschnitten, nehmen wir die dort, die ist geschlossen.

Kiel vi trovas tiun ĉi kravaton?

Wie finden Sie diese Krawatte?

Ĝi tre plaĉas al mi.

Sie gefällt mir sehr.

Kien vi metis miajn ŝuojn?

Wo haben Sie meine Stiefel hingestellt?

Ne forgesu surmeti viajn gumŝuojn; estas tre malpure sur la strato.

Vergessen Sie nicht, Ihre Gummischuhe anzuziehen; es ist sehr schmutzig auf der Strasse.

Ĉu mi devas surmeti mian surtuton?

Muss ich den Ueberzieher anziehen?

Ĉu vi volas rekudri por mi tiun ĉi butonon? Espereble tio ne daŭros longe.

Wollen Sie mir diesen Knopf annähen? Hoffentlich dauerts nicht lange.

Vi volas surmeti vian cilindran ĉapelon? Prenu prefere tiun ĉi molan ĉapelon, ĝi estas al vi pli konvena, kaj cetere ankaŭ pluvas sufiĉe forte.

Sie wollen Ihren Zylinder aufsetzen? Setzen Sie doch diesen weichen Hut auf, er steht Ihnen viel besser, und dann regnet es auch gehörig.

Jen via pluvombrelo (via bastono) kaj jen viaj gantoj.

Hier ist Ihr Regenschirm (Ihr Stock) und da sind Ihre Handschuhe.

Bone, mi nun estas preta.

So, nun bin ich fertig.

Igu ripari tiujn ĉi vestojn kaj tiujn piedvestojn.

Lassen Sie diese Kleider und dieses Schuhzeug ausbessern.

IV.
Kuŝiĝo.

IV.
Zu Bett gehen.

Mi estas laca. Mi hodiaŭ kuŝiĝos baldaŭ.

Ich bin müde. Ich werde heute bald zu Bett gehen.

Ĉu la dormoĉambro estas preta?

Ist im Schlafzimmer alles fertig?

Jes. Ĉu mi devas lasi malfermita la fenestron?

Ja. Soll ich das Fenster offen lassen?

Ne tute malfermita, nur duone, sed fermu la fenestrajn
kovrilojn.

Nicht ganz offen, nur halb offen, aber schliessen Sie die
Fensterläden.

Mi ne sukcesas tiri miajn botojn. Kie estas la bottirilo?

Ich bekomme meine Stiefel nicht aus. Wo ist der
Stiefelknecht?

Jen viaj pantofloj kaj via ĉambrorobo.

Hier sind Ihre Pantoffel und Ihr Schlafrock.

Ĉu vi jam estas en lito?

Sind Sie schon im Bett?

Ankoraŭ ne, sed mi jam senvestiĝis kaj mi tuj iros en la
liton.

Noch nicht, aber ich habe mich schon ausgezogen und will

24

eben zu Bett gehen.

Je kioma horo mi devos veki vin morgaǔ matene?

Wann soll ich Sie morgen früh wecken?

Veku min je la sesa! Sed certe!

Wecken Sie mich um sechs! Aber bestimmt!

Ne forgesu ŝlosi vian pordon.

Vergessen Sie nicht, Ihre Tür abzuschliessen.

Ne! Bonan nokton!

Nein! Gute Nacht!

V.
Vetero.

V.
Wetter.

Kia vetero estas hodiaŭ?

Was ist heute für Wetter?

Kian veteron ni havas hodiaŭ?

Was für Wetter haben wir heute?

Kian veteron ni kredeble havos hodiaŭ posttagmeze?

Was für Wetter werden wir wohl heute nachmittag haben?

Estas hodiaŭ bela (malbela) vetero.

Es ist heute schönes (schlechtes) Wetter.

Estas malhele.

Es ist trüb.

Estas malseke.

Es ist feucht (nass).

Ĉu estas malpure sur la strato?

Ist es schmutzig auf der Strasse?

Tre malpure; hieraŭ pluvis la tutan tagon.

Sehr schmutzig; gestern hat es den ganzen Tag geregnet.

Tuj rekomencos pluvi.

Es wird gleich wieder anfangen zu regnen.

La ĉielo estas kovrita (de nuboj).

Der Himmel ist (mit Wolken) bedeckt.

La vetero estas ŝanĝema.

Das Wetter ist veränderlich.

La barometro montras konstantan veteron.

Das Barometer zeigt beständiges Wetter an.

Ĝi montras pluvon (venton).

Es zeigt Regen (Wind) an.

Ĝi supreniris, (malsupreniris, falis).

Es ist gestiegen (gefallen).

Estas belega vetero.

Es ist prachtvolles Wetter.

La ĉielo estas sennuba.

Der Himmel ist unbewölkt.

La suno brilas.

Die Sonne scheint.

Estas tre varme.

Es ist sehr warm.

Estas terura (sufoka) varmo.

Es ist eine furchtbare (drückende) Hitze.

Kiom da gradoj ni havas?

Wieviel Grad haben wir?

Mi volas vidi. Estas nekredeble. Ni havas dudek-ok gradojn
en ombro!

Ich will mal nachsehen. Das ist ja unglaublich! Es sind 28
Grad im Schatten!

Mi ŝvitas terure.

Ich schwitze fürchterlich.

Kia sufoka varmeco! Mi kredas, ke ni havos fulmotondron.

Wie schwül es ist! Ich glaube, es wird ein Gewitter geben.

Jam komencas tondri.

Da fängt es schon an zu donnern.

Ĉu vi aŭdas la tondradon?

Hören Sie das Donnern?

Fulmas.

Es blitzt.

La fulmofajro frapis.

Es hat eingeschlagen.

Kia fortega bato!

War das ein heftiger Schlag!

Pluvas torente. Mi estas tute malseka. Ni serĉu ŝirmaĵon.

Es regnet in Strömen. Ich bin völlig durchnässt. Treten wir
    irgendwo unter!

Dank' al Dio! Ĉesas pluvi.

Gott sei Dank! Es hört auf zu regnen.

Pasis la fulmotondro. Jen la suno reekbrilas.

Das Gewitter ist vorüber. Da scheint die Sonne wieder.

Rigardu! Kia bela ĉielarko!

Sehen Sie da! Welch schöner Regenbogen!

Estas diable malvarme hodiaŭ!

Es ist verteufelt kalt heute!

Ĉu ne estas al vi malvarme?

Frieren Sie nicht?

Tute ne, mi estas varme vestita.

Durchaus nicht, ich bin warm angezogen.

Ni havas dek gradojn sub nulo (10° da malvarmo).

Wir haben zehn Grad unter Null (10° Kälte).

Frostis; ni havas belan glacion.

Es hat gefroren; wir haben schönes Eis.

Neĝas.

Es schneit.

Degelas; la neĝo fluidiĝas.

Es taut; der Schnee schmilzt.

Ventas, (vento blovas).

Es ist windig.

La vento venas el nordo; ĝi turnis orienten, ĝi ĉesas.

Der Wind kommt aus Norden; er hat sich nach Osten
gedreht, er legt sich.

Estas nebule.

Es ist neblig.

Densa nebulo falis.

Es ist ein dichter Nebel gefallen.

La nebulo baldaŭ disiĝos.

Der Nebel wird sich bald erheben (zerstreuen).

Hajlas.

Es hagelt.

Estas neeble eliri ĉe tia vetero; la stratoj estas tre malpuraj.

Bei solchem Wetter kann man unmöglich ausgehen; die

29

Strassen sind sehr schmutzig.

Efektive, estas pli bone resti hejme, ĝis la vetero rebeliĝos.

Wirklich, es ist besser, man bleibt zu Hause, bis das Wetter wieder schön wird.

Ĝi komencas pliheliĝi, la nuboj foriĝas.

Es fängt an, sich aufzuheitern; die Wolken zerteilen sich.

La luno brilas.

Der Mond scheint.

Ni iom iru en la freŝan aeron.

Gehen wir etwas an die frische Luft.

La vesperruĝo promesas belan veteron.

Die Abendröte verspricht schönes Wetter.

———————————————

VI.
Horo. Dato.

VI.
Uhr. Datum.

Kioma horo estas?

Wieviel Uhr ist es?

Kioman horon montras via poŝhorloĝo?

Wieviel Uhr ist es bei Ihnen (an Ihrer Taschenuhr)?

Pardonu Sinjoro, ĉu vi povus diri al mi la horon?

Entschuldigen Sie, könnten Sie mir wohl sagen, wieviel Uhr
   es ist?

Mi tre bedaŭras, mi ne havas poŝhorloĝon kun mi.

Ich bedaure sehr, ich habe keine Uhr bei mir.

Mia poŝhorloĝo ne iras plu, (ĝi haltis); mi forgesis ĝin streĉi.

Meine Uhr geht nicht mehr (sie steht); ich habe vergessen,
   sie aufzuziehen.

Mia horloĝo trofruas je kvin minutoj (malfruas je kvin
   minutoj).

Meine Uhr geht 5 Minuten vor (geht 5 Minuten nach).

Permesu, ke mi reguligu mian horloĝon laŭ la via.

Gestatten Sie, dass ich meine Uhr nach der Ihrigen stelle.

Estas la kvina (horo).

Es ist um 5.

Estas la tria precize.

Es ist genau 3 Uhr.

Estas ĝuste duono de la sepa (la sesa kaj duono).

Es ist gerade (genau) ½ 7.

Estas kvarono de la tria (kvarono post la dua).

Es ist ¼ 3.

Estas tri kvaronoj de la sepa (tri kvaronoj post la sesa).

Es ist ¾ 7 (¼ vor 7).

Estas ok minutoj post la naŭa.

Es ist 8 Minuten nach 9.

Ĉu vi scias, ĉu jam eksonoris la deka horo?

Wissen Sie, ob es schon 10 Uhr geschlagen hat?

Ĵus eksonoris la deka.

Es hat soeben 10 Uhr geschlagen.

Tuj eksonoros la deka.

Es wird gleich 10 schlagen.

Jam estas post la deka.

Es ist nach 10 (10 vorbei).

Estas tagmezo (noktomezo).

Es ist 12 Uhr mittags (12 Uhr nachts).

Mi kredis, ke estas pli malfrue.

Ich glaubte, es sei später.

Ĉu jam estas tiel malfrue?

Es ist schon so spät?

Je kioma horo li alvenis?

Um wieviel Uhr ist er angekommen?

Je tri kvaronoj de la sesa (je la kvina, 45 minutoj).

Um ¾ 6. (¼ vor 6.)

Kiu dato estas hodiaŭ?

Der wievielte ist heute?

Kiun daton ni havas?

Den wievielten haben wir?

Hodiaŭ estas la sepa (ni havas la sepan).

Heute ist der siebente (wir haben den siebenten).

Kiu tago estas hodiaŭ?

Was für ein Tag ist heute?

Hodiaŭ estas lundo, ne, mardo.

Heute ist Montag, nein, Dienstag.

VII.
Malsaneco.

VII.
Krankheit.

Vi ne havas bonan mienon; (vi havas vere malbonan mienon), kara amiko.

Sie sehen nicht gut aus (Sie sehen wirklich schlecht aus), lieber Freund.

Mi estas iom pala, ĉu ne?

Ich sehe etwas blass aus, nicht?

Tre pala! Ŝajnas, ke vi ne fartas tre bone.

Sehr blass! Sie scheinen sich nicht ganz wohl zu fühlen.

Via lango estas iom kovrita.

Ihre Zunge ist etwas belegt.

Mi sentas min tute nebone. (Mi estas malsana, malsaneta).

Ich befinde mich gar nicht wohl. (Ich bin krank, etwas unwohl.)

Ho, mi bedaŭras! Mi jam tion pensis. Kio estas al vi?

Oh! das tut mir leid. Ich dachte es mir. Was fehlt Ihnen?

Mi malvarmumis.

Ich bin erkältet.

Nenia miro, ĉe tia vetero!

Kein Wunder bei solchem Wetter!

34

Min kaptis forta nazkataro.

Ich habe mir einen starken Katarrh (Schnupfen) geholt.

Vi estas tre raŭka.

Sie sind sehr heiser.

Mi havas kapdoloron (mia kapo terure doloras).

Ich habe Kopfschmerz (ich habe fürchterliche Kopfschmerzen).

Espereble vi ne serioze malsaniĝis.

Hoffentlich haben Sie sich nicht eine ernstliche Krankheit zugezogen.

Ĉu vi havas febron?

Haben Sie Fieber?

Vi estos prava alvoki la kuraciston.

Sie werden gut tun, den Arzt holen zu lassen.

Mi jam konsultis la kuraciston.

Ich habe schon den Arzt zu Rate gezogen.

Li kredeble diris al vi, ke vi restu en ĉambro (en lito)?

Er hat Ihnen wohl gesagt, Sie möchten das Zimmer (Bett) hüten?

Ĝuste. Li ankaŭ malpermesis al mi fumi.

Ganz recht. Auch hat er mir das Rauchen verboten.

Vi devas akurate sekvi liajn ordonojn, por ke vi baldaŭ resaniĝu.

Sie müssen seine Vorschriften genau befolgen, damit Sie bald wieder gesund werden.

Mi deziras al vi baldaŭan kaj plenan resaniĝon.

Ich wünsche Ihnen baldige und völlige Genesung.

Estas al mi malbone (mi estas vomema).

Es ist mir übel.

Donu al mi, mi petas, glason da akvo; tio faros al mi bonon.

Geben Sie mir, bitte, ein Glas Wasser, das wird mir gut tun.

Tio ne estas danĝera, ĝi baldaŭ pasos.

Das ist nicht schlimm, das wird bald vorübergehen.

Ĉu estas al vi pli bone nun?

Ist es Ihnen jetzt besser?

Jes, iom, dankon.

Ja, ein wenig, danke.

Ni iru en la freŝan aeron, tio tute resanigos vin. Oni sufokas tie ĉi.

Gehen wir an die frische Luft, das wird Sie vollständig wiederherstellen. Hier erstickt man.

Mi havas dentdolorojn.

Ich habe Zahnschmerzen.

Haben Sie oft Zahnschmerzen?

Ĉu vi ofte havas dentdolorojn?

Feliĉe ne.

Glücklicherweise nicht.

Ĉu vi multe suferas?

Haben Sie grosse Schmerzen?

Se mi estus vi, mi igus eltiri la malbonan denton.

An Ihrer Stelle würde ich mir den schlechten Zahn ausziehen lassen.

Mia piedo (mano) doloras, mi ne povas marŝi (skribi).

Ich habe Schmerzen am Fuss (an der Hand), ich kann nicht
laufen (schreiben).

Ĉu vi distordis vian piedon?

Haben Sie sich den Fuss verstaucht?

Ne, estas rompo.

Nein, es ist ein Bruch.

VIII.
Aĝo. Korpaj ecoj.

VIII.
Alter. Körperliche Eigenschaften.

Kian aĝon vi havas?

Wie alt sind Sie?

Laŭ via opinio, kian aĝon mi havas?

Für wie alt halten Sie mich?

Vi kredeble havas dudek ok ĝis tridek jarojn.

Sie werden vielleicht 28 bis 30 Jahre alt sein.

Vi bone divenis. Mi havas dudek naŭ jarojn.

Sie haben gut geraten. Ich bin 29 Jahre alt.

Mi baldaŭ estos tridekjara.

Ich werde bald 30 Jahre alt sein.

Mia frato komencas sian deksesan jaron.

Mein Bruder geht ins sechzehnte Jahr.

Via frato estas do multe pli juna ol vi.

Ihr Bruder ist also viel jünger als Sie.

Li estas dektri jarojn pli juna ol mi.

Er ist 13 Jahre jünger als ich.

Mia patrino estas pli maljuna ol mia patro; ŝi estas
    sesdekjara, mia patro estas nur kvindek ok-jara.

Meine Mutter ist älter als mein Vater; sie ist 60 Jahre alt, mein Vater ist erst 58.

Sinjorino via patrino ŝajnas pli juna ol ŝi estas, dum sinjoro via patro ŝajnas pli maljuna.

Ihrer Frau Mutter sieht man ihr Alter nicht an, während Ihr Herr Vater älter aussieht, als er ist.

Kiam vi naskiĝis?

Wann sind Sie geboren?

La dudek trian de Aŭgusto mil okcent sesdek ok.

Am 23. August 1868.

Ĉu vi konas Sinjoron S.?

Kennen Sie Herrn S.?

Mi konas lin nur per la vido.

Ich kenne ihn nur vom Sehen.

Kiel li estas (aspektas)?

Wie sieht er aus?

Ĉu li estas alt- aŭ malaltkreska?

Ist er von hoher oder kleiner Gestalt?

Ĉu li havas blondajn aŭ nigrajn harojn?

Hat er blondes oder schwarzes Haar?

Kia estas la koloro de liaj okuloj?

Was für eine Farbe haben seine Augen?

Li havas mezan staturon, estas larĝaŝultra kaj iom dika, havas brunajn harojn kaj bluajn okulojn.

Er ist von mittlerer Gestalt, breitschultrig und etwas stark (dick), hat braunes Haar und blaue Augen.

Ĉu li portas barbon?

Trägt er einen Bart?

Jes, li portas plenbarbon.

Ja, er trägt einen Vollbart.

Mia frato havas malgrandan liphararon kaj mia patro portas
vangharojn.

Mein Bruder hat einen kleinen Schnurrbart, und mein Vater
trägt einen Backenbart.

Ĉu via frato similas vin?

Ist Ihnen Ihr Bruder ähnlich?

Li tre similas min, sed ankoraŭ pli mian pli junan fraton.

Er ist mir sehr ähnlich, aber noch mehr meinem jüngeren
Bruder.

Li ne estas tiel granda kiel mi, sed li estas pli dika.

Er ist nicht so gross wie ich, aber er ist dicker.

Mi estas iom miopa.

Ich bin ein wenig kurzsichtig.

Kiam oni estas miopa oni devas porti okulvitrojn aŭ
nazumon.

Wenn man kurzsichtig ist, muss man eine Brille oder einen
Kneifer tragen.

Estas bela viro. Kia domaĝo ke li iom lamas!

Das ist ein schöner Mann. Wie schade, dass er etwas hinkt!

Kompatindulo! Li estas surdmuta (blinda).

Der arme Mann! Er ist taubstumm (blind).

IX.
Sur la strato.

IX.
Auf der Strasse.

A. Demandado pri la vojo.

A. Nach dem Wege fragen.

Pardonu sinjoro, kie estas la ... strato?

Entschuldigen Sie, wo ist die ... Strasse?

Iru trans tiun ĉi placon, marŝu maldekstren kaj iru laŭlonge la ... straton ĝis la tria dekstre.

Gehen Sie über diesen Platz, halten Sie sich links und gehen Sie dann die.... strasse hinunter bis zur dritten Querstrasse rechts.

Iru ĝis la fino de tiu ĉi strato kaj poste direktu vin dekstren.

Gehen Sie bis zum Ende dieser Strasse und wenden Sie sich dann nach rechts.

Iru ĉiam rekte antaŭen.

Gehen Sie immer geradeaus.

Mi tre dankas.

Danke sehr!

Pardonu, ĉu vi povas diri kiu estas la plej mallonga vojo al la norda stacidomo?

Entschuldigen Sie, können Sie mir sagen, welches der

kürzeste Weg nach dem Nordbahnhof ist?

Mi tre bedaŭras, mi mem estas fremda.

Ich bedauere sehr, ich bin hier selbst fremd.

Jen estas policano; li tion povos diri al vi.

Da ist ein Schutzmann, er wird es Ihnen sagen können.

Kiom da tempo estas necesa por iri ĝis tie?

Wie lange braucht man bis dahin?

Nur kelkaj minutoj. Ne estas malproksime.

Ein paar Minuten nur. Das ist nicht weit.

Vi eraris, sinjoro! Reiru malantaŭen laŭlonge la straton.

Sie haben sich verlaufen! Kehren Sie um, und gehen Sie die
Strasse wieder hinunter.

Diru do, knabo, ĉu vi scias kia konstruaĵo estas tiu ĉi?

Sag' mal, mein Junge, weisst du, was für ein Gebäude das
ist?

Certe sinjoro, ĝi estas la reĝa palaco.

Jawohl, mein Herr, das ist das königliche Schloss.

B. Renkonto.

B. Begegnung.

Ha! kia ŝanco! Bonan tagon sinjoro M. Ĉu vi bone fartas?

Ah! welch glücklicher Zufall! Guten Tag, Herr M. Geht's
gut?

Jes, dankon, kaj vi?

Danke, ja, und Ihnen?

Kien vi iras?

43

Wohin gehen Sie?

Mi volas iri al mia frato. Ĉu vi volas min akompani?

Ich will zu meinem Bruder gehen. Wollen Sie mich begleiten?

Volonte, kondiĉe ke mia societo ne estas al vi maloportuna.

Gern, vorausgesetzt, dass Ihnen meine Gesellschaft nicht allzu lästig ist.

Sed, kontraŭe, mi tre ĝojas ke mi vin renkontis.

Aber, im Gegenteil, es freut mich sehr, dass ich Sie getroffen habe.

Ni iru sur la alian flankon; estas tro multe da homoj tie ĉi.

Gehen wir auf die andere Seite; hier sind zuviel Menschen.

Atentu ke vi ne falu, la pavimo estas tre glitiga.

Geben Sie acht, dass Sie nicht fallen, das Pflaster ist sehr glatt.

Atentu! Jen venas veturilo.

Vorsicht! Da kommt ein Wagen!

Kiom da veturiloj! Estas vere tre danĝere transiri la straton.

Was für eine Menge Wagen! Es ist wirklich lebensgefährlich, über die Strasse zu gehen.

C. Tramvojo.

C. Strassenbahn.

Ni veturu per la tramvojo. Ĝuste venas veturilo kiu iras al la.... strato.

Lassen Sie uns mit der Strassenbahn fahren. Da kommt gerade ein Wagen, der nach der ...strasse geht.

Jam ne estas loko, ni iom atendu, baldaŭ venos alia veturilo.

Es ist kein Platz mehr, warten wir etwas, es wird gleich ein anderer Wagen kommen.

Ni eniru rapide! La veturilo ne haltos longe.

Steigen wir schnell ein! Der Wagen wird nicht lange halten.

Konduktoro, ĉu vi veturas tra la ... strato?

Schaffner, kommen Sie durch die ...Strasse?

Kiom kostas la veturado?

Wieviel kostet die Fahrt?

Ni eliros ĉe la proksima haltejo.

Wir wollen an der nächsten Haltestelle aussteigen.

D. Fiakro.

D. Droschke.

Kie estas la plej proksima haltejo de fiakroj!

Wo ist der nächste Droschkenhalteplatz?

Jen venas fiakro kiu ŝajnas libera.

Da kommt eine Droschke, die unbesetzt zu sein scheint.

Veturigisto (fiakristo)! Ĉu vi estas libera?

Kutscher! Sind Sie frei?

Jes, Sinjoroj, kien vi volas iri?

Ja, meine Herren, wohin wollen Sie fahren?

Ni dungas vin laŭ tempo. Veturu unue al la ... placo!

Wir nehmen Sie auf Zeit. Fahren Sie zunächst nach dem
...Platz!

Bone, volu eniri.

Schön, steigen Sie, bitte, ein!

Veturigisto, haltu! Ni volas halti tie ĉi.

Kutscher, halten Sie an! Wir wollen hier aussteigen.

Kiom ni ŝuldas?

Wieviel bekommen Sie?

Jen por vi.

Das ist für Sie.

———————————————

X.
En magazeno.

X.
Im Laden.

A. Cigarvendejo.

A. Zigarrengeschäft.

Vi deziras, Sinjoro?

Sie wünschen, mein Herr?

Bonan tagon! Per kio mi povas servi?

Guten Tag! Womit kann ich Ihnen dienen?

Mi deziras rusajn cigaredojn.

Ich möchte russische Zigaretten haben.

Mi tre bedaŭras, ni ne havas ilin.

Bedauere sehr, die haben wir nicht.

Tiam, donu egiptajn cigaredojn.

Dann geben Sie mir egyptische.

Mi povas rekomendi al vi tiun ĉi specon por kvar pfenigoj.

Ich kann Ihnen diese Sorte zu vier Pfennig empfehlen.

Bone, mi prenos paketon, kondiĉe, ke tiuj ĉi cigaredoj ne estas tro fortaj.

Schön; ich werde ein Paket davon nehmen, vorausgesetzt, dass diese Zigaretten nicht zu schwer sind.

Ili estas tre malfortaj; mi vendas multe da ili.

Sie sind sehr leicht; ich verkaufe viel davon.

Kiom ĝi kostas?

Wieviel macht das?

Okdek pfenigojn.

80 Pfennige.

Dankon! Ĝis revido.

Danke! Auf Wiedersehen!

B. Ĉapelvendejo.

B. Hutgeschäft.

Mi deziras havi malpezan ĉapelon.

Ich möchte einen leichten Hut haben.

Ĉu vi deziras feltan aŭ pajlan ĉapelon?

Wünschen Sie einen Filzhut oder einen Strohhut?

Volu montri al mi feltajn ĉapelojn.

Zeigen Sie mir, bitte, etwas in Filzhüten.

En kiaj prezoj?

In welcher Preislage?

De kia koloro? Hela aŭ malhela?

Von welcher Farbe? Hell oder dunkel?

Mi preferas malhelan koloron, ĝi estas pli daŭrema.

Ich ziehe eine dunkle Farbe vor, die trägt sich besser.

Eble io simila? Ĉu vi volas ĝin provi?

Vielleicht so etwas? Wollen Sie ihn einmal probieren?

Ĝi estas tro peza. Ĉu vi ne havas pli malpezan?

Der ist zu schwer. Haben Sie nicht einen leichteren?

Jen unu, kiu estas pli malpeza kaj bone konvenos al vi.

Da ist einer, der leichter ist und der Ihnen gut stehen wird.

Kiom ĝi kostas?

Wieviel kostet der?

Estas multe tro kare.

Das ist viel zu teuer.

Ĉu vi ne havas pli malkarajn?

Haben Sie keine billigeren?

Mi prenos tiun ĉi.

Ich werde diesen da nehmen.

C. Ĉe la ŝuisto.

C. Beim Schuhmacher.

Vi deziras paron da ŝuoj? Ĉu pretajn aŭ laŭ mezuro?

Sie wünschen ein Paar Stiefel? Sollen es fertige sein oder wünschen Sie sie nach Mass?

Kiom da tempo vi bezonus por fari al mi paron?

Wie lange würden Sie zur Anfertigung eines Paares brauchen?

Ne pli ol tri ĝis kvar tagojn.

Höchstens drei bis vier Tage.

Nu, volu preni mezuron.

Nun, da nehmen Sie mir Mass.

Ĉu mi devas fari ilin por laĉi aŭ por butonumi?

Soll ich sie zum Schnüren oder zum Knöpfen machen?

Mi pli amus havi ilin kun elastaĵoj, estas pli oportune. Sed, mi petas, ne faru ilin tro mallarĝaj.

Ich möchte sie lieber mit Gummizügen haben, das ist bequemer. Aber, bitte, machen Sie sie nicht zu eng.

Vi estos plene kontentigita.

Sie werden vollständig zufrieden sein.

D. En magazeno de gantoj kaj tolaĵoj.

D. Im Handschuh- und Wäschegeschäft.

Donu, mi petas, paron da gantoj.

Geben Sie mir, bitte, ein Paar Handschuhe.

Glaceaj gantoj, ĉu ne?

Glacéhandschuhe, nicht wahr?

Ĉu tiu ĉi koloro plaĉas al vi?

Gefällt Ihnen diese Farbe?

Mi konsilus al vi tiun ĉi nuancon; ĝi estas tre daŭrema.

Ich würde Ihnen zu dieser Farbe raten; die trägt sich sehr gut.

Ne, mi dezirus ion pli helan.

Nein, ich möchte gern etwas Helleres haben.

Ĉu mi devas ilin iom plilarĝigi?

Soll ich sie etwas aufweiten?

La prezo estas sufiĉe alta.

Der Preis ist ziemlich hoch.

Estas al mi neeble ilin lasi pli malkare; mi tute nenion perlaboras.

Ich kann sie unmöglich billiger lassen; ich verdiene gar

nichts daran.

Ĉu vi deziras ankoraŭ ion plu? (Ĉu nenion plu?)

Sonst noch etwas gefällig? (Sonst nichts weiter?)

Mi dezirus ankoraŭ duonan dekduon da ĉemizoj.

Ich möchte noch ein halbes Dutzend Hemden haben.

Tag- aŭ noktĉemizojn?

Tag- oder Nachthemden?

Ĉu vi bezonas antaŭĉemizojn, kolumojn aŭ manumojn?

Brauchen Sie Vorhemdchen, Kragen oder Manschetten?

Dankon, momente mi bezonas nenion da tio.

Danke, augenblicklich brauche ich nichts davon.

Sendu al mi ĉion. Jen mia adreso.

Schicken Sie mir alles zu. Hier ist meine Adresse.

Ĉio estos prizorgita.

Wird bestens besorgt.

E. Ĉe la tajloro.

E. Beim Schneider.

Ĉu vi havas pretajn vestojn?

Haben Sie fertige Anzüge?

Mi tre bedaŭras, Sinjoro. Sed mi povus pretigi al vi unu
dum tri tagoj.

Ich bedauere sehr, mein Herr. Aber ich könnte Ihnen einen
innerhalb 3 Tagen anfertigen.

Bone, volu preni mezuron, sed antaŭe mi volas elekti la
ŝtofon.

Schön! Bitte, nehmen Sie mir Mass, aber erst will ich mir den Stoff aussuchen.

Jen la nova kolekto de specimenoj da ŝtofo. Vi trovos en ĝi belegajn modelojn.

Hier ist die neue Musterkollektion. Sie werden darin sehr schöne Muster finden.

Ĉu vi havas tiun ĉi ŝtofon en malhela bluo?

Haben Sie den Stoff hier in dunkelblau?

Ne tiun ĉi modelon, sed ion tre similan. Jen, mi petas.

Dieses Muster nicht, aber etwas sehr Aehnliches. Hier, bitte.

Ĉu tio estas pli kara ol la alia?

Ist dies teurer als das andere?

Ne, estas la sama prezo.

Nein, der Preis ist derselbe.

Estas germana fabrikaĵo, ĉu ne?

Das ist deutsches Fabrikat, nicht wahr?

Jes, prave, kaj ĝi estas nun volonte portata.

Ganz recht, und das wird jetzt gern getragen.

Tiam mi prenos tiun ĉi ŝtofon. Kiom kostos vestaĵo el tiu ĉi ŝtofo?

Ich werde dann diesen Stoff nehmen. Wieviel wird ein Anzug aus diesem Stoff kosten?

Ĉu vi volas montri al mi kelkajn modbildojn?

Wollen Sie mir einige Modebilder zeigen?

Ĉu plaĉas al vi tiu ĉi modelo?

Gefällt Ihnen dieses Modell?

Jes, faru al mi la vestaĵon laŭ tiu ĉi modelo, sed zorgu pri tio, ke la pantalono ne estu tro mallarĝa.

Ja, machen Sie mir den Anzug nach diesem Modell hier, aber sorgen Sie dafür, dass das Beinkleid nicht zu eng wird.

Bone, Sinjoro. Mi faros laŭ via deziro. Kien mi devas sendi la vestaĵon?

Schön, mein Herr, ich werde mich nach ihren Wünschen richten. Wohin soll ich den Anzug schicken?

Mi iun sendos por ĝin preni proksiman sabaton kaj samtempe mi sendos al vi kelkajn vestojn, kiujn mi petas vin ripari.

Ich werde ihn nächsten Sonnabend abholen lassen und Ihnen gleichzeitig einige Kleidungsstücke mitschicken, die ich Sie bitte zu reparieren.

Ĝis revido, Sinjoro.

Empfehle mich, mein Herr.

F. Ĉe la horloĝisto.

F. Beim Uhrmacher.

Mi ĵus vidis en via montra fenestro beletan arĝentan poŝhorloĝon. Kiom ĝi kostas?

Ich habe da eben in Ihrem Schaufenster eine hübsche silberne Uhr gesehen. Was kostet denn die?

Pri kiu vi parolas? Pri tiu ĉi? Ĝi ne estas tre kara, mi ĝin lasus al vi por kvardek markoj.

Welche meinen Sie? Die hier? Die ist nicht sehr teuer, ich würde sie Ihnen für 40 Mark lassen.

Ne, mi ne povas elspezi tiom. Mi ĝin prenus se vi lasus ĝin por tridek kvin.

Nein, soviel kann ich nicht anlegen. Ich würde sie nehmen,

wenn Sie sie mir für 35 verkaufen wollten.

Neeble, Sinjoro! Sed jen estas alia pli malkara. Ĝi kostas nur 30 markojn. Ankaŭ tre bela poŝhorloĝo. Bona meĥanismo!

Unmöglich, mein Herr! Aber hier ist eine billigere. Die kostet nur 30 Mark. Auch eine sehr schöne Uhr. Gutes Werk!

Ne, mi dankas, mi preferas la alian. Pripensu! Mi revenos morgaŭ kaj tiam vi diros al mi ĉu vi povos ĝin doni al mi por tridek kvin; mi eĉ pagus tridek sep, sed ne pli.

Nein, danke, ich ziehe die andere vor. Ueberlegen Sie sich's. Ich werde noch mal mit vorbeikommen, und dann sagen Sie mir, ob Sie sie mir für 35 geben können; ich würde sogar 37 bezahlen, aber nicht mehr.

Nu, por fari al vi servon, mi malaltigos la prezon ĝis tridek ok, sed pli malkare mi tute ne povas ĝin lasi.

Nun, um Ihnen gefällig zu sein, will ich mit dem Preis auf 38 herabgehen, billiger kann ich sie aber unmöglich lassen.

Bone, mi prenas ĝin; jen la mono. —Diru do, ĉu riparo al tiu ĉi poŝhorloĝo postulus multe da tempo?

Gut, ich nehme sie; hier ist das Geld.—Sagen Sie mal, würde eine Reparatur dieser Uhr lange dauern?

Montru, mi petas. Ne, tio ne daŭrus longe. Jam morgaŭ la riparo estus preta.

Bitte, zeigen Sie mal. Nein, das würde nicht lange dauern. Schon morgen würde die Reparatur fertig sein.

Sed morgaŭ certe, ĉu ne? Mi ĝin nepre bezonas.

Aber dann morgen bestimmt, nicht wahr? Ich brauche sie nötig.

Vi povas esti certa.

Sie können darauf rechnen.

G. En la magazeno de papero.

G. In der Papierhandlung.

Kion vi deziras, Sinjoro?

Was wünschen Sie, mein Herr?

Skribpaperon kaj kovertojn.

Schreibpapier und Briefumschläge.

Ĉu vi volas liniitan paperon aŭ ne? Kaj kiom da folioj? Kajeron?

Wollen Sie liniiertes oder unliniiertes Papier? Und wieviel Bogen? Ein Buch?

Donu al mi dekduon da folioj sen linioj. Kiom da folioj estas en unu kajero?

Geben Sie mir ein Dutzend Bogen ohne Linien. Wieviel Bogen sind in einem Buch?

Dudek kvar. Kaj kiom da kovertoj vi deziras? Ĉu blankaj aŭ koloraj kovertoj?

24. Und wieviel Umschläge wünschen Sie? Weisse oder farbige Briefumschläge?

Ĉu vi ion pli deziras?

Und was wäre sonst noch gefällig?

Donu ankoraŭ plumingon, kelkajn plumojn, krajonon, botelon da nigra inko kaj skrapgumon. Plie. .. ĉu vi havas poŝtmarkojn?

Geben Sie noch einen Federhalter, einige Federn, einen Bleistift, eine Flasche schwarze Tinte und einen

56

Radiergummi. Und dann ... haben Sie Briefmarken?

Mi tre bedaŭras, sed la poŝtoficejo (la poŝtejo) estas tute proksime, en la unua strato maldekstre.

Ich bedaure sehr, aber das Postamt (die Post) ist ganz in der Nähe, in der ersten Strasse links.

Adiaŭ, Sinjoro.

Adieu, mein Herr.

H. En la librovendejo.

H. In der Buchhandlung.

Ĉu vi havas manlibrojn de esperanta konversacio?

Haben Sie Handbücher der esperantischen Umgangssprache?

Jen estas kelkaj.

Hier sind einige.

Plue, ĉu vi povus rekomendi al mi bonan germanan romanon? Sed ĝi ne devas esti tro malfacile komprenebla, mi estas fremdulo kaj ankoraŭ ne posedas tute germanan lingvon.

Und dann, könnten Sie mir einen guten deutschen Roman empfehlen? Aber er darf nicht zu schwer zu verstehen sein, ich bin Ausländer und beherrsche das Deutsche noch nicht ganz.

Mi montros al vi kelkajn verkojn de R. Estas tre interesaj romanoj, krom tio la germana stilo de l'aŭtoro estas perfekta kaj facile komprenebla.

Ich werde Ihnen einige Werke von R. zeigen. Das sind sehr interessante Romane, dabei ist das Deutsch des Verfassers tadellos, auch leicht verständlich.

57

Mi prenos tiun ĉi libron, »N^{ron} 13«. Kiom mi ŝuldas?

Ich werde dieses Buch »Nummer 13« nehmen. Wieviel bin ich Ihnen schuldig?

Tri markojn, mi petas. Dankon!

3 Mark bitte. Danke sehr!

Ankoraŭ unu demando! Ĉu vi povus havigi al mi la esperantan libron »Elektitaj fabeloj de fratoj Grimm«?

Noch eine Frage! Könnten Sie mir das Esperanto-Buch »Elektitaj fabeloj de Fratoj Grimm« besorgen?

Certe, ĉu vi scias la nomon de la eldonejo?

Gewiss. Ist Ihnen der Name des Verlegers bekannt?

Se mi ne eraras la libro aperis ĉe la Esperanta eldonejo M. & B. en Berlino; sed mi ne scias tute precize.

Wenn ich nicht irre, ist das Buch beim Esperanto Verlag M. & B. in Berlin erschienen, ich weiss es aber nicht genau.

Ĉu vi volus havi la afablecon reveni post kelkaj tagoj? Mi esperas, ke mi povos ĝin havigi al vi post mallonga tempo.

Würden Sie die Liebenswürdigkeit haben, sich in den nächsten Tagen wieder einmal mit herzubemühen? Ich hoffe, es Ihnen in kurzer Zeit besorgen zu können.

Mi revenos lundon, ĉu estos tro frue?

Ich werde Montag wiederkommen, oder ist das zu früh?

Ne Sinjoro tiam ĝis lundo!

Nein. Dann also Montag, auf Wiedersehen!

I. Ĉe la kombisto.

I. Beim Friseur.

Vi deziras, Sinjoro?

Sie wünschen, mein Herr?

Razi, mi petas.

Rasieren, bitte.

Volu sidiĝi. Jen ĵurnaloj.

Bitte, nehmen Sie Platz. Hier sind Zeitungen.

Mi ne havas tempon, mi preferas reveni pli malfrue.

Ich habe keine Zeit, ich komme lieber später wieder ...

Ne, Sinjoro, restu; jam mi estas preta.

Nein, bleiben Sie, ich bin schon fertig.

Mi havas tre senteman haŭton. Atentu!

Ich habe eine sehr empfindliche Haut. Sehen Sie sich vor!

Ĉu mi ankaŭ devas forrazi la lipharojn?

Soll ich auch den Schnurrbart wegnehmen (rasieren)?

Ĉu iom da pudro?

Etwas pudern?

Jes, mi petas.

Ja, bitte.

Ankaŭ tondu miajn harojn, sed bonvolu iom rapidi.

Schneiden Sie mir auch das Haar, aber beeilen Sie sich, bitte,
etwas.

Ĉu mi devas tondi ilin tute mallonge?

Soll ich es ganz kurz schneiden?

Malantaŭe, jes, sed antaŭe sufiĉe longe.

Hinten, ja, aber vorn ziemlich lang.

Ĉu estas ĝuste tiel?

59

Ist es so recht?

Jes, estas bone.

Ja, so ist es gut.

Ĉu lavi la kapon?

Den Kopf waschen?

Iom da pomado?

Etwas Pomade gefällig?

Ne, metu nenion en la harojn, mi ne amas tion. Brosu la harojn kaj faru la hardislimon! Pasigu al mi la kombilon, mi mem faros ĝin.

Nein, machen Sie mir nichts ins Haar, das liebe ich nicht. Bürsten Sie das Haar durch und scheiteln Sie es! Geben Sie mir mal den Kamm, ich werde den Scheitel selbst ziehen.

Estas prete.

So, fertig.

Kiom mi ŝuldas?... Jen.

Wieviel habe ich zu zahlen? ... Hier, bitte.

Adiaŭ, Sinjoro!

Empfehle mich.

XI.
En la poŝtejo.

XI.
Auf der Post.

Pardonu, Sinjoro, ĉu vi povas montri al mi la vojon al la ĉefa poŝtejo? Ĉu estas ankoraŭ malproksime ĝis la ... strato?

Entschuldigen Sie, können Sie mir den Weg nach der Hauptpost zeigen? Ist es noch weit bis zur ... Strasse?

Se vi marŝas rapide, vi bezonos proksimume duonon da horo; kvaronon per la tramvojo. Sed tute proksime, tuj en la unua strato dekstre, estas poŝtoficejo se vi ne volas nepre iri al la ĉefa poŝtejo.

Wenn Sie schnell gehen, werden Sie ungefähr eine halbe Stunde brauchen. Mit der Strassenbahn ist es eine Viertelstunde. Aber ganz in der Nähe, gleich in der ersten Strasse rechts, ist ein Postamt, wenn Sie nicht gerade nach der Hauptpost wollen.

Koran dankon! Tiam mi iros al tiu ĉi oficejo. Ĝis kiam estas malfermita la poŝtejo?

Danke sehr! Dann werde ich nach diesem Amt gehen. Bis wann ist die Post geöffnet?

———————————

Donu, mi petas, kvin markojn po dek pfenigoj, unu po dudek kaj tri poŝtkartojn po kvin.

61

Bitte, geben Sie mir fünf 10 Pfennig-Marken, eine zu 20 und 3 Postkarten zu 5.

Jen, ĝi faras okdek kvin pfenigojn.

Hier, macht 85 Pfennige.

Kiom kostas la afranko de letero por Francujo?

Wieviel beträgt das Porto für einen Brief nach Frankreich?

Dudek pfenigojn po 15 gramoj.

20 Pfennige für je 15 Gramm.

Ĉu vi havus la afablecon pesi tiun ĉi leteron? Ĉu ĝi pezas pli ol 15 gramojn?

Würden Sie so freundlich sein, diesen Brief mal zu wiegen? Wiegt er über 15 Gramm?

Ne, la afranko estas simpla. Sed ĝi ne estas ankoraŭ afrankita. Ĉu mi devas alglui la markon?

Nein, das Porto ist einfach. Aber er ist noch nicht frankiert. Soll ich die Marke draufkleben?

Jes, mi petas.

Ja, ich bitte darum.

Ne vere, neafrankita letero kostas la duoblon de la mankanta afranko?

Nicht wahr, ein unfrankierter Brief kostet das Doppelte des fehlenden Portos?

Jes, prave.

Ganz richtig.

Kia estas la kosto de rekomendita letero?

Wieviel beträgt die Gebühr für einen eingeschriebenen Brief?

Dudek pfenigoj.

20 Pfennige.

Mi dezirus forsendi poŝtmandaton. Al kiu fenestreto mi devas iri?

Ich möchte gern eine Postanweisung aufgeben. An welchen Schalter muss ich da gehen?

Al la fenestreto 3ª, kontraŭe.

An Schalter 3, gegenüber.

Telegram-formularon, mi petas.

Ein Telegrammformular, bitte.

Kiom kostas la vorto?

Wieviel kostet das Wort?

Tio dependas de la loko de alsendo.

Das kommt auf den Bestimmungsort an.

La telegramo iras al X. Estas en Aŭstrujo.

Das Telegramm geht nach X. Das liegt in Oesterreich.

Kvin pfenigoj po vorto. Dudek vortoj faras unu markon.

5 Pfennige das Wort. Zwanzig Wörter, macht 1 Mark.

Kiam tiu ĉi telegramo alvenos en X.?

Wann wird dieses Telegramm in X. ankommen?

Post tri aŭ kvar horoj.

In 3 bis 4 Stunden.

Pakaĵoj ne estas alprenataj tie ĉi; vi devas iri al la fenestreto, tie.

Pakete werden hier nicht angenommen; da müssen Sie an den Schalter dort gehen.

XII.
Vizito.

XII.
Ein Besuch.

Tie ĉi loĝas Sinjoro N., ĉu ne?

Hier wohnt doch Herr N., nicht wahr?

Ne Sinjoro, li forloĝiĝis antaŭ kelkaj tagoj.

Nein, er ist vor einigen Tagen ausgezogen.

Ĉu vi povus diri al mi kie li nun loĝas?

Können Sie mir sagen, wo er jetzt wohnt?

Bogadoz-strato, sed la numeron mi ne povas diri. Volu vin turni al la pordisto; li sendube povos sciigi vin.

Bogadozstrasse, aber die Nummer kann ich Ihnen nicht sagen. Wenden Sie sich, bitte, an den Portier; der wird Ihnen gewiss Auskunft geben können.

———————————

Pardonu, ĉu vi povas diri al mi la adreson de Sinjoro N. kiu loĝis en tiu ĉi domo?

Entschuldigen Sie, können Sie mir wohl die Adresse des Herrn N. sagen, der in diesem Hause gewohnt hat?

Sinjoro N. loĝas nun Bogadoz-strato kvardek, tria etaĝo.

Herr N. wohnt jetzt Bogadozstrasse 40, 3 Treppen.

Mi tre dankas.

Danke sehr.

Mi kredas ke oni sonorigis. Iru do vidi, kiu estas tie.

Ich glaube, es hat geklingelt. Sehen Sie doch mal nach, wer
da ist.

Kion vi deziras, Sinjoro?

Was wünschen Sie, mein Herr?

Pardonu, ĉu Sinjoro S. estas hejme? (Ĉu mi povas paroli
kun Sinjoro S.?)

Entschuldigen Sie, ist Herr S. zu Hause? (Kann ich Herrn S.
sprechen?)

Sinjoro S. ĵus eliris.

Herr S. ist eben ausgegangen.

Ĉu vi povas diri kiam li revenos?

Können Sie mir sagen, wann er zurückkommen wird?

La Sinjoro nenion diris, sed mi timas, ke li ne tre baldaŭ
estos reveninta.

Der Herr hat nichts gesagt, aber ich fürchte, dass er nicht so
bald wieder zurück sein wird.

Tiam mi revenos morgaŭ.

Dann werde ich morgen wiederkommen.

Ĉu Sinjoro S. estas vizitebla?

Ist Herr S. zu sprechen?

Jes. Kiun mi devas anonci? (Kiu estas via [ŝatinda] nomo?)

Ja. Wen darf ich anmelden? (Wie ist Ihr werter Name?)

Jen mia vizitkarto. (Mia nomo estas N.)

Hier ist meine Karte. (Ich heisse N.)

Bonvolu eniri; mi tuj sciigos Sinjoron S.

Bitte, treten Sie näher; ich werde Herrn S. gleich benachrichtigen.

Sinjoro N. estas tie. (Iu deziras paroli kun vi, jen lia karto.)

Herr N. ist da. (Es wünscht Sie jemand zu sprechen, hier ist seine Karte.)

Petu lin eniri.

Ich lasse bitten.

Eniru!

Herein!

Bonan tagon Sinjoro S. Ĉu mi ĝenas vin? (Pardonu, ke mi vin malhelpas.)

Guten Tag, Herr S. Störe ich? (Entschuldigen Sie, dass ich störe.)

Sed tute ne, Sinjoro N. Kontraŭe, mi ekstreme ĝojas vidi vin. (Via vizito faras al mi grandan plezuron.) Estu bonvenanta kaj bonvolu sidiĝi.

Aber durchaus nicht, Herr N. Ich freue mich im Gegenteil ausserordentlich, Sie zu sehen. (Ihr Besuch macht mir grosse Freude.) Seien Sie willkommen und nehmen Sie, bitte, Platz.

Dankon, Sinjoro S. Vi estas tre afabla.

Danke, Herr S. Sie sind sehr freundlich.

De kiom da tempo vi estas tie ĉi (en nia urbo)?

Wie lange sind Sie denn schon hier (in unserer Stadt)?

Mi alvenis nur antaŭhieraŭ vespere.

Ich bin erst vorgestern Abend angekommen.

Vere estas tre afable, ke vi pensis pri mi kaj vizitis min.

Wirklich sehr nett von Ihnen, dass Sie an mich gedacht und mich mal mit aufgesucht haben.

Mi jam estis ĉe vi hieraŭ, sed la servistino diris al mi, ke vi ĵus estis elirinta.

Ich bin schon gestern einmal bei Ihnen gewesen, aber das Dienstmädchen sagte mir, dass Sie soeben ausgegangen seien.

Ho! mi tre bedaŭras, ke mi ne estis hejme, kaj ke vi vane havis la penon veni.—Espereble plaĉos al vi X. kaj vi restos tre longe tie ĉi.

Oh! das tut mir aber leid, dass ich nicht zu Hause war und dass Sie sich vergebens bemüht haben.—Hoffentlich gefällt es Ihnen in X. und Sie bleiben recht lange hier.

Via urbo tre plaĉas al mi, sed bedaŭrinde mia negoco devigas min forvojaĝi jam morgaŭ.

Hier gefällt es mir sehr gut, aber leider zwingt mich mein Geschäft, schon morgen wieder abzureisen.

Ho! estas domaĝe! Ĉu estas efektive neeble, ke vi iom plilongigu vian restadon en nia urbo?

Oh! das ist aber schade! Ist es wirklich nicht möglich, dass Sie Ihren Aufenthalt in unserer Stadt noch ein wenig ausdehnen?

Ne, mi tre bedaŭras, sed mi nepre devas forvojaĝi morgaŭ. — Kiel fartas Sinjorino via edzino?

Nein, ich bedauere es sehr, aber ich muss morgen unbedingt abreisen. — Wie geht es Ihrer Frau Gemahlin?

Dankon, tre bone. Ŝi eliris kaj forte bedaŭros, ke ŝi ne povis saluti vin. — Vi ja permesos, ke mi proponu al vi cigaron kaj glason da vino?

Danke, sehr gut. Sie ist ausgegangen und wird es lebhaft bedauern, dass sie Sie nicht hat begrüssen können. — Ich darf Ihnen wohl eine Zigarre und ein Glas Wein anbieten?

Koran dankon. — Diru do, Sinjoro S., ĉu vi ion sciiĝis pri Sinjoro F.? Jam de tiel longe mi ne vidis lin. Laŭ tio, kion mi aŭdis, li revenis Germanujon?

Danke sehr. — Sagen Sie, Herr S., haben Sie von Herrn F. wieder etwas gehört? Den habe ich wer weiss wie lange nicht gesehen. Wie ich gehört habe, ist er nach Deutschland zurückgekehrt?

Sinjoro F.? Jes, li jam de longe revenis; mi vidas lin tre ofte.

Herr F.? Ja, der ist schon lange wieder zurück; ich sehe ihn sehr häufig.

Tiam, laŭ okazo, mi petas, salutu lin de mi. — Sed nun mi bedaŭrinde devas foriri; jam estas tre malfrue kaj oni atendas min en la hotelo je la 6ª horo.

Dann grüssen Sie ihn doch, bitte, gelegentlich von mir. — Aber jetzt muss ich leider gehen; es ist schon sehr spät, und ich werde um 6 Uhr im Hotel erwartet.

Kiel? Vi volas jam foriri? Restu do ankoraŭ momenton!

Wie? Sie wollen schon wieder fort? Bleiben Sie doch noch einen Augenblick!

Mi tre bedaŭras, estas al mi neeble; kiel mi jam diris al vi oni atendas min en la hotelo. — Prezentu miajn salutojn al Sinjorino via edzino!

Ich bedauere sehr, es ist mir unmöglich; wie ich Ihnen schon sagte, erwartet man mich im Hotel. Empfehlen Sie mich Ihrer Frau Gemahlin!

Mi ne forgesos. Fartu bone kaj ne forgesu min viziti, kiam vi revenos tien ĉi. Bonan vojaĝon!

Ich werde es ausrichten. Lassen Sie sichs gut gehen, und vergessen Sie nicht, mich zu besuchen, wenn Sie wieder hierher kommen. Glückliche Reise!

Dankon! Ĝis revido, Sinjoro S.

Danke! Auf Wiedersehen, Herr S.

XIII.
La manĝoj.

XIII.
Die Mahlzeiten.

Je kioma horo vi havas viajn manĝojn?

Wann nehmen Sie Ihre Mahlzeiten ein?

La kafon je la 7^a, la matenmanĝon proksimume je la 10^a, la tagmanĝon inter la 1^a kaj la 2^a kaj la vespermanĝon je la 8^a.

Den Kaffee um 7 Uhr, das Frühstück gegen 10, das Mittagessen zwischen 1 und 2 und das Abendessen um 8.

Kiam oni matenmanĝas en Francujo?

Wann frühstückt man in Frankreich?

En Francujo la unua aŭ malgranda matenmanĝo havas lokon ĝenerale je la sama horo kiel ĉe ni kaj konsistas el kafo (kun lakto) aŭ ĉokolado, pano (bulko) kaj butero. Ĉe la dua matenmanĝo, kiun oni prenas je la tagmezo, oni ricevas ovojn, kotleton, bifstekon, legomon, fromaĝon ktp.

In Frankreich findet das erste oder kleine Frühstück im allgemeinen zu derselben Zeit wie bei uns statt und besteht aus Kaffee (mit Milch) oder Schokolade, Brot (einem Brötchen) und Butter. Als zweites Frühstück, das man um 12 Uhr einnimmt, gibt es Eier, Kotelett, Beefsteak, Gemüse, Käse usw.

71

Kaj je kioma horo oni tagmanĝas en Francujo?

Und um wieviel Uhr speist man in Frankreich zu Mittag?

Tre malfrue, nur proksimume je la 7ª vespere. Oni prenas la vespermanĝon (noktomanĝon) je la noktomezo post la teatro.

Sehr spät, erst gegen 7 Uhr des Abends. Das Abendessen (Nachtessen) wird um Mitternacht, nach dem Theater, eingenommen.

XIV.
En la restoracio.

XIV.
Im Restaurant.

Mi estas tre malsata; tiu ĉi promenado faris al mi apetiton.

Ich bin sehr hungrig; dieser Spaziergang hat mir Appetit gemacht.

Ni eniru en tiun restoracion, kaj tagmanĝu. Ĉu vi konsentas?

Gehen wir in das Restaurant da und speisen wir zu Mittag. Sind Sie einverstanden?

Certe, eĉ tre volonte.

Gewiss, sehr sogar.

Dio! Kia amaso da homoj tie ĉi! Estos malfacile trovi lokon.

Himmel! Was für eine Menge Menschen sind hier! Es wird schwer halten, einen Platz zu finden.

Vidu! Jen ĝuste tablo kiu fariĝas libera. Kian ŝancon ni havas!

Sehen Sie! Da wird ja gerade ein Tisch frei. Was für Glück wir haben!

Kelnero, la manĝokarton!

Kellner, die Speisekarte!

Ĉu la Sinjoroj ne deziras la menuon?

Wünschen die Herren nicht das Menu?

Mi manĝos laŭ la karto, kaj vi, kara amiko?

Ich esse nach der Karte, und Sie, lieber Freund?

Mi ankaŭ.—Kelnero, ĉu vi havas Munĥenan bieron? Donu al mi glason.

Ich auch.—Kellner, haben Sie Münchener? Geben Sie mir ein Glas.

Mi preferas vinon. Montru al mi la vinokarton.

Ich trinke lieber Wein. Zeigen Sie mir die Weinkarte.

Jen, Sinjoro.

Hier, bitte.

Duonan botelon da Bordeaŭ, sed iom varmigitan!

Eine halbe Flasche Bordeaŭ, aber etwas überschlagen!

Kian supon deziras la Sinjoroj?

Was für Suppe wünschen die Herren?

Kaj poste?

Und dann?

Alportu unue truton.

Bringen Sie mir zunächst Forelle.

Kaj al mi salmon.

Und mir Lachs.

Kiel vi trovas la fiŝon?

Wie schmeckt Ihnen der Fisch?

Ĝi estas bonega. Ĉu via truto ankaŭ estas bona? Ĉu vi amas fiŝaĵon?

Er ist ausgezeichnet. Ist Ihre Forelle auch gut? Essen Sie gern Fisch?

Jes, sufiĉe.—Pasigu do al mi la salon, mi petas.

Ja, ganz gern.—Bitte, reichen Sie mir doch einmal das Salz herüber.

Kion prenos la Sinjoroj poste?

Was werden die Herren nun speisen?

Mi prenos anasaĵon.

Mir geben Sie Ente.

Kaj mi kotleton de bovido kun asparagoj.

Und mir ein Kalbskotelett mit Spargel.

Post la anasaĵo alportu ŝaffemuron. Kaj vi, kara amiko, deziras bifstekon kun rostitaj terpomoj, ĉu ne?

Nach der Ente bringen Sie mir Hammelkeule. Und Sie, lieber Freund, wollen ein Beefsteak mit Bratkartoffeln, nicht wahr?

Jes, sed bone trarostita. Kaj poste ankoraŭ glason da biero!

Ja, aber ordentlich durchgebraten. Und dann noch ein Glas Bier!

Bone, Sinjoro.

Jawohl, mein Herr.

Kelnero, post la fromaĝo alportu du tasojn da kafo. Ĉu vi havas esperantajn gazetojn?—La »Germanan Esperantiston« mi petas.

Kellner, nach dem Käse bringen Sie uns zwei Tassen Kaffee. Haben Sie Esperanto-Zeitungen?—Den »Germana Esperantisto«, bitte.

Mi tuj vidos ĉu ĝi estas libera.

Ich will mal sehen, ob er frei ist.

Kelnero, mi volas pagi.—Jen por vi.

Kellner, zahlen!—Das ist für Sie.

75

XV.
En la hotelo.

XV.
Im Hotel.

Mi deziras havi belan ĉambron, ne tro malgrandan, sur la antaŭa flanko, kaj se eble sur la unua etaĝo.

Ich möchte ein hübsches Zimmer haben, nicht zu klein, nach vorn heraus, möglichst im ersten Stockwerk.

Estas plu nenio libera sur la unua etaĝo; sed mi povas doni al vi belan ĉambron sur la dua etaĝo.

Im ersten Stock ist nichts mehr frei; aber im zweiten könnte ich Ihnen ein hübsches Zimmer geben.

Ĉu vi volas montri ĝin al mi?

Wollen Sie es mir zeigen?

Tre volonte. Kelnero, konduku la Sinjoron al la numero 20!

Sehr gern. Kellner, führen Sie den Herrn nach Nummer 20!

Sekvu min, se plaĉas. (Ĉu vi afable volas supreniri kun mi?)

Bitte, folgen Sie mir. (Wollen Sie sich freundlichst mit mir hinaufbemühen?)

Jen estas la ĉambro; mi petas vin eniri. Estas tre komforta ĉambro, sufiĉe vasta kaj ne tro kara.

Da ist das Zimmer; darf ich Sie bitten, einzutreten? Das ist ein sehr behagliches Zimmer, es ist ziemlich geräumig und nicht zu teuer.

Kia estas la prezo?

Was kostet es denn?

Ĉu vi volas lui ĝin laŭtage aŭ laŭmonate?

Wollen Sie es tageweise oder auf den Monat mieten?

Mi ankoraŭ tute nescias, kiom da tempo mi restos tie ĉi, pro tio mi ne povus ĝin lui laŭmonate.

Ich weiss noch gar nicht, wie lange ich hier bleiben werde; ich könnte es also auf den Monat nicht mieten.

Ĝi kostas 5 Markojn por tago, servado kaj lumigado inklusive; se vi ĝin prenas laŭmonate la prezo estos cent Markoj.

Es kostet 5 Mark täglich, Bedienung und Beleuchtung ist dabei; nehmen Sie es auf einen Monat, so ist der Preis 100 Mark.

Bone! Mi ĝin prenos. Venigu miajn pakaĵojn.

Gut! Ich will es nehmen. Lassen Sie mein Gepäck heraufbringen.

Ĉu vi ankoraŭ ion deziras?

Wünschen Sie noch etwas?

Diru al la ĉambristino, ke ŝi alportu al mi varman akvon kaj al la hotelservisto, ke li venu al mi.

Sagen Sie dem Zimmermädchen, sie möchte mir warmes Wasser bringen, und dann soll der Hausdiener mal zu mir kommen.

Mi kuŝiĝos frue, mi estas tre laca. Pretigu do la ĉambron kaj morgaŭ veku min je la sepa.

Ich werde früh zu Bett gehen, ich bin sehr müde. Machen Sie also das Zimmer zurecht. Und morgen möchte ich um 7 geweckt werden.

Tre bone, Sinjoro.

Jawohl, mein Herr.

Ĉu vi deziras trinki la kafon en via ĉambro?

Wünschen Sie den Kaffee in Ihrem Zimmer zu trinken?

Jes, alportu ĝin supren.

Ja, bringen Sie ihn mir herauf.

Mi tuj volas eliri. Se iu eble demandas pri mi, diru ke mi
revenos post unu horo.

Ich will jetzt ausgehen. Wenn jemand nach mir fragen sollte,
so sagen Sie, ich würde in einer Stunde zurück sein.

———————

Ĉu iu demandis pri mi dum mi forestis? Ĉu ne alvenis leteroj
por mi?

Hat jemand nach mir gefragt, während ich nicht zu Hause
war? Sind keine Briefe für mich angekommen?

Jes, alvenis du leteroj, la leterportisto donis ilin al la
pordisto.

Doch, es sind zwei Briefe gekommen; der Briefträger hat sie
dem Portier gegeben.

———————

Mi devas forvojaĝi morgaŭ. Diru al la ĉefkelnero, ke li faru
mian kalkulon kaj dungu fiakron por la sepa matene.

Ich muss morgen abreisen. Sagen Sie dem Oberkellner, er
möchte meine Rechnung machen, und bestellen Sie für
7 Uhr früh eine Droschke.

———————

XVI.
Ĉe la fervojo.

XVI.
Auf der Eisenbahn.

Veturigisto, al la Nordastacidomo! Sed rapidu, mia vagonaro forveturas je la dekunua kaj dudek-kvin kaj jam estas kvin minutoj post la dekunua.

Kutscher, nach dem Nordbahnhof! Aber fahren Sie schnell, mein Zug geht 11 Uhr 25, und es ist schon 5 Minuten nach 11.

Vi alvenos tute ĝustatempe.

Sie werden gerade noch zur rechten Zeit kommen.

⸻

Kie estas la disdonejo de biletoj?

Wo ist die Fahrkartenausgabe?

Vieno, dua klaso, iri kaj reveni.

Wien, zweiter, hin und zurück.

Portisto, enskribigu mian pakaĵon, jen mia bileto. Sed rapide, ĉu ne?

Gepäckträger, geben Sie mein Gepäck auf; hier ist meine Fahrkarte. Aber schnell, ja?

Ĉu ne estas tropezo?

Kein Uebergewicht?

81

Ne Sinjoro, jen la ricevatesto.

Nein; hier ist der Schein.

Kie estas la rapida vagonaro por Vieno?

Wo steht der Schnellzug nach Wien?

Kvara perono, dekstre.

Vierter Bahnsteig, rechts!

Eniru! La vagonaro tuj foriras. Kien vi vojaĝas, Sinjoro?

Einsteigen! Der Zug geht gleich ab. Wo fahren Sie hin?

Vienon, dua klaso, fumantoj!

Wien, zweiter, Raucher!

Eniru tien, Sinjoro.

Hier einsteigen, bitte.

Jam ne estas loko en tiu ĉi kupeo.

Es ist in diesem Abteil kein Platz mehr.

Iru malantaŭen. — Jen estas ankoraŭ unu loko, eniru rapide.

Gehen Sie nach hinten! — Hier ist noch ein Platz, steigen Sie schnell ein!

Ĉu vi bonvolus helpi min meti miajn pakaĵojn en la kupeon? Mi tre dankas.

Würden Sie mir ein wenig behilflich sein, meine Sachen in den Abteil zu schaffen? Danke sehr.

Ni jam forveturas! Preskaŭ mi maltrafis la vagonaron.

Da fahren wir schon ab! Beinahe hätte ich den Zug versäumt.

Ĉu vi ne volas meti vian valizon en la reton? Ĝi malpli

82

ĝenos vin.

Wollen Sie nicht Ihren Handkoffer ins Netz legen; er wird Sie dann weniger genieren.

Estas varmege tie ĉi; oni ja preskaŭ sufokas.

Es ist hier sehr warm; man erstickt ja fast.

Malfermu do iomete la fenestron; mi kredas ke iom da freŝa aero estos al ni ĉiuj agrabla.

Machen Sie doch das Fenster ein wenig auf; ich glaube, dass etwas frische Luft uns allen angenehm sein wird.

Entschuldigen Sie, aber ich muss dagegen Einspruch erheben; es zieht hier fürchterlich.

Pardonu, Sinjoro, sed mi devas malkonsenti, estas tie ĉi forta aerfluo.

Ĉu la vagonaro haltas tie ĉi?

Hält der Zug hier?

Mi kredas ne.

Ich glaube nicht.

Konduktoro! kiom da tempo ni haltas?

Schaffner, wie lange haben wir Aufenthalt?

Ni tuj forveturos.

Wir fahren gleich wieder ab.

Sed ĉe la proksima stacio ni do havos kelkajn minutojn, ĉu ne?

Aber auf der nächsten Station haben wir doch einige Minuten Aufenthalt, nicht wahr?

Jes, dudek minutojn, laŭ la horaro, sed ĉar ni havas malfruiĝon, kredeble la vagonaro ne haltos tiel longe.

Ja, 20 Minuten, fahrplanmässig, da wir aber Verspätung

83

haben, wird der Zug wohl nicht so lange halten.

Por X. ŝanĝu vagonaron!

Nach X. umsteigen!

Kiam forveturas la vagonaro al X.?

Wann geht der Zug nach X.?

Je la kvina tridek.

5 Uhr 30.

Tiam ni havas tempon por manĝi peceton. Ni iru en la bufedon.

Dann haben wir Zeit, eine Kleinigkeit zu essen. Gehen wir ins Bahnhofsrestaurant.

Limdepagejo! Ĉiuj eliras!

Zollbehörde! Alles aussteigen!

Ĉu vi havas ion limdepageblan?

Haben Sie etwas zu verzollen?

Malfermu viajn kofrojn, mi petas.

Oeffnen Sie, bitte, Ihre Koffer.

Tiuj ĉi objektoj estas ĉiuj por mia persona uzado; mi havas tute nenion depageblan.

Diese Gegenstände sind sämtlich für meinen eigenen Gebrauch bestimmt; ich habe gar nichts zu verzollen.

Esperanto Verlag Möller & Borel

BERLIN S., Prinzenstrasse 95.

Lehr- und Wörterbücher für Deutsche.

Vollständiges Lehrbuch der Esperanto-Sprache, mit Uebungen, Syntax und Proben aus Poesie und Prosa. Von J. Borel Mk. 1,20 (30. Tausend) gebunden " 1,50

Schlüssel zu den Uebungen des Vollständigen Lehrbuchs. Von J. Borel " 0,50

Wörterbuch Deutsch-Esperanto. Von D^{ro} Zamenhof. (3. Auflage) " 2,— elegant gebunden " 2,50

Wörterbuch Esperanto-Deutsch. Von H. Jürgensen (3. Auflage) " 2,— elegant gebunden " 2,50

Taschenwörterbuch Deutsch-Esperanto u. Esperanto-Deutsch redigiert v. **Dr. Zamenhof** " 0,80

Esperanto-Leitfaden " 0,20

Anfangsgründe der Esperanto-Sprache (Auszug aus dem vollständigen Lehrbuch). Von Cart und Jürgensen " 0,35

Werke nur in Esperanto.

Fundamento de Esperanto de D^{ro} Zamenhof. gramatiko, ekzercaro, vortaro geb. Mk. 2,60

Fundamenta Krestomatio de la lingvo

Esperanto de D^{ro} Zamenhof " 2,80
gebunden " 3,60

Esperantaj Prozaĵoj »kolekto da tekstoj de plej
bonaj aŭtoroj« " 2,—

Hamleto, Reĝido de Danujo (Tragedio de
Shakespeare), tradukita de D^{ro} Zamenhof "
1,60

Elektitaj Fabeloj de Fratoj Grimm, tradukitaj
de D^{ro} Kabe " 1,50

Solvo de la problemo de lingvo internacia. Mit
deutscher Uebersetzung von Prof.
Christaller " 0,75

Kondukanto de l'interparolado kaj
korespondado kun aldonita **Antologio
Internacia**, ellaboris A. Grabowski " 1,70

Diversaĵoj. Rakontetoj tradukitaj de Lallemant
kaj Beau " 1,20

Monadologio de Leibniz, traduko de D^{ro} Boirac,
rektoro de l'universitato de Dijon " 0,50

Komerca sekretario de Sudria " 0,50

Komercaj leteroj, de Berthelot kaj Lambert "
0,40

Vojaĝo interne de mia ĉambro, de X. de Maistre.
Tradukita de S. Meyer " 0,70

Elektitaj fabloj de La Fontaine, esperantigitaj de
G. Vaillant " 0,70

Advokato Patelin. Triakta proza komedio, de
Brueys kaj Palaprat. Tradukita de M. J.
Evrot " 0,70

La fundo de l'mizero, de V. Sieroŝevski,

tradukita de Kabe " 0,70

L'Avarulo, de Molière, tradukita de S. Meyer " 0,70

Eneido de Virgilio, tradukita de D^{ro} Vallienne " 2,60

Kurso Tutmonda de Esperanto laŭ la metodo natura, de Gasse " 0,70

Matematika terminaro kaj Krestomatio, de R. Bricard " 0,70

Pola antologio de Kabe " 1,75

Poŝlibro internacia de Norman " 1,75

Lernolibro de Esperanta Stenografio (laŭ sistemo Stolze-Schrey) de F. Schneeberger " 0,80

Don Juan, de Molière, tradukita de D^{ro} Boirac " 1,40

Cikado ĉe Formikoj, Unuakta komedio de Labiche kaj Legouvé " 0,60

Verkaro de V. N. Devjatnin " 1,75

La interrompita kanto trad. de Kabe " 0,70

Rakontoj pri feinoj de Perrault " 0,90

Kolorigisto aerveturanto de Godineau " 0,30

Anatomia vortaro kvarlingva de medicina esper. grupo " 1,30

Proverbaro esperanta de M. F. Zamenhof, 3 Hefte à " 0,50

Albumo de konataj esperantistoj de F. Schuck " 1,80

Pri unu speco de kurbaj linioj de Dombrovski
" 0,50

Pri novaj trigonometriaj sistemoj de Prof. A.
Dombrovski " 1,50

La Evangelio de Sankta Mateo trad. de Mielck
kaj Stephan " 0,50

Esperanta Sintakso, laŭ verkoj de D^{ro}
Zamenhof kaj aliaj aŭtoroj. Von P. Fruictier
" 1,20

Franca Gramatiko por Esperantistoj de P.
Boulet " 1,50

Delmas'aj helpaj bildoj por la praktika
instruado de l'modernaj lingvoj per bildaro.
1^a kajero Bildoj 1-6 " 1,60
2^a kajero " 7-16 " 2,40

Klariga libreto de l'Delmas'aj helpaj bildoj " 1,
—

Esperanta radikaro de Th. Cart " 0,60

Instruado de Esperanto per Bildaro, broŝureto
kun ilustraĵoj " 0,25

Ili estas frenezaj de Octave Mirbeau kaj Ruĝa
rido de Leonid Andrejev, trad. de L.
Segretinat kaj F. Avilov " 1,50

Rememoro pri Solferino de H. Dunant, trad. de
Vaillant kaj Fruictier " 1,30

Paŭlo kaj Virginio, de Bernardin de St Pierre,
trad. de H. Hodler " 1,15

Kristnaska sonorado (a Christmas Carol) de
Dickens, esperantigita de M. Westcott " 1,10

Sep Rakontoj, originale verkitaj de J. Malfeliĉulo

" 1, —

Du rakontoj de D. de Rothan " 0,80

Triope de Fauvart-Bastoul " 1, —

Horacio de Macaulay, trad. de Bicknell " 1, —

Blinda Rozo de H. Conscience " 1, —

Serĉado por la ora ŝaflano trad. O'Connor kaj Hayes " 0,80

Unua ĉapitro de miaj memorskriboj de François Coppée, trad. de A. Montrosier " 0,65

Por niaj filoj kiam li estos dek-ok jaraj de profesoro A. Fournier, trad. de Dᵣₒ P. Rodet " 0,60

Mia vilaĝo de J. Delfour " 0,50

Cendrulino esperantigis L. Milho " 0,50

Kato kun botoj esperantigis L. Milho " 0,50

La puto kaj la pendolo de Edgar Allan Poe, esperant. de A. Pride " 0,40

La Kaprino de Sᵣₒ Seguin de A. Daudet trad. Ad. Yersin " 0,15

Kelkaj floroj esperantaj No. I-III, de A.-J. Witteryck, à " 0,25

Tutmondaj fajro-kutimoj de H. W. Southcombe " 0,35

Majstro Jan Hus, biografio de l'glorinda martiro; esperantigita de J. F. Khun " 0,75

Kio povas okazi se oni donacas surprize de Fr. Reuter, trad. de Ĉefeĉ " 0,60

Perdita kaj Retrovita, originala legendo de rektoro E. Boirac " 0,60

Mallumaĵoj tradukis Lengyel Pal " 0,60

Aventuroj de l' lasta Abenceraĝo, de Chateaubriand, trad. de R. Deshays " 0,50

Grasa Lignaĵisto, firenza novelo trad. de Gabriel Chavet " 0,50

Ruĝa floro, rakonto de Garŝin, trad. de Boguŝeviĉ " 0,30

Kurioza Sunhorloĝo, de Poljanskij, kun 4 bildoj kaj tabeloj, (2ª Eldono) " 0,20

La Monaĥejo ĉe Sendomir'. El la verkoj de Grillparzer tradukita de L. E. Meier " 1,—

Edziĝa festo en Capri. Novelo de Paul Heyse tradukita de L. E. Meier " 1,—

Ama vivo en la naturo (Unu ĉapitro) de Wilhelm Bölsche tradukita de L. E. Meier " 1,—

Edziĝo kontraŭvola, unuakta Komedio de Molière, trad. de Dufeutrel " 0,60

Ŝi kliniĝas por venki, komedio en kvin aktoj de O. Goldschmidt trad. A. Motteau, gebd. " 2,50

La Antaŭdiro, komedio en du aktoj de Chs. Stewart " 0,60

La Gasto, duakta komedio de S^{rino} Valienne " 0,50

Por kaj kontraŭ Esperanto, dialogo de D^{ro} Valienne " 0,30

Dektriope, unuakta salona komedio, trad. de A. Gallois " 0,80

Du Biletoj, unuakta komedieto de Florian trad. de Bulthuis kaj Touchebeuf " 0,40

Sinjoro Badin, unuakta komedieto de Courteline, trad. de Beck kaj Jean " 0,25

La floro de l'pasinto unuakta drameto de E. de Amicis, trad. de R. Junck " 1,—

La Benkoj de la promenejo, ted-monologo trad. de P. Corret " 0,20

El la historio de Esperanto (Letero pri la deveno de Esperanto.) Paroladoj de D^{ro} Zamenhof kaj D^{ro} Bein (Kabe) en la Boulogna kongreso " 0,30

Preĝareto por katolikoj, kun francaj tekstoj, trad. de L. de Beaufront " 1,—

Unua protestanta Dioservo de Fr. Schneeberger " 0,50

Pri la homa radiado de E. Boirac " 0,25

Elementa fotografa optiko de Karlo Verks " 1,25

La kalendaro de P. Lengyel " 0,30

Sondilo skrapanta de M. Léger " 0,50

Jarlibro de »Pacifisto«, unua jaro " 0,50

La Fundamentoj de l'Pacifismo de Elie Ducommun, trad. de Victor Dufeutrel " 0,50

Esperanta Frazlibro de l'turisto " 0,50

Gvidlibro de l'turistoj por fremduloj en Italujo de A. Gallois " 0,25

Tra Berna Oberlando de Th. Hopf " 0,50

Propaganda- und aufklärende Schriften für Deutsche.

Die Frage einer internationalen Hilfssprache und das Esperanto. Von J. Borel. Portofrei Mk. 0,10
10 St. 0,80, 50 St. 3,—, 100 St. 5,— Mk.

Die internationale Hilfssprache. Von Dr. Couturat. 10 Stück " 0,80

Die internationale Hilfssprache und das Esperanto. Von W. Ostwald " 0,20
10 St. 1,60, 50 St. 7,—, 100 St. 12,50 Mk.

Ueber die Bedeutung der Esperanto-Sprache für den Handelsstand. Von B. Zierenberg " 0,25

Die Entstehung der Esperanto-Sprache. Brief von Dr. Zamenhof " 0,10

Ein Stündchen Esperanto. Zwiegespräch statt eines Vortrages. Von Prof. Th. Cart " 0,20

Die Esperanto-Sprache. Eine Lernmethode ohne Lehrer durch das Lesen einer kleinen Erzählung von Ĉefeĉ " 0,10
10 St. 0,80, 100 St. 6,— Mk.

Esperanto-Schlüssel. Von Ĉefeĉ (Wörterbuch Esperanto-Deutsch und Grammatik) " 0,05
10 St 0,40, 100 St. 3,— Mk.

Bilderbogen. Text in Esperanto, 25 verschiedene Bogen " 1,60

Flugblätter. 100 Stück " 0,80

Illustrierte Postkarte, Dro Zamenhof " 0,10
10 Stück " 0,75

Propaganda-Plakate. 10 Stück " 0,50

Abzeichen für Esperantisten (Grüner Stern) "
0,80
10 Stück " 6,—

   Propaganda-Pakete mit reichhaltigem
Inhalt des notwendigsten Materials werden den
Esperantisten-Gruppen und den
Propagandisten zum Vorzugspreise von Mk. 3,
— franko geliefert.

Druck von Möller & Borel G. m. b. H., Berlin S.,
Prinzenstrasse 95.

GERMANA ESPERANTISTO

Oficiala organo de la Germana Esperantista Societo

kun

LITERATURA ALDONO »LIBERAJ HOROJ«

aperas ĉiumonate en lingvoj Esperanta kaj
Germana kaj celas disvastigi la Esperantan
movadon en ĉiuj germanlingvaj landoj. La
gazeto pritraktas ĉion, kio koncernas la
internacian helpan lingvon kaj estas ligilo inter
la membroj de la Esperantistaj grupoj.

Jara abonprezo Sm. 1,50 (M. 3,—)

      Prova abono por 6 monatoj Sm. 0,75 (M. 1,50)

Redakcio kaj Eldonejo Berlin S.,
Prinzenstrasse 95.

www.ingramcontent.com/pod-product-compliance
Lightning Source LLC
Chambersburg PA
CBHW021413090426
42742CB00009B/1126